Voor de eerwaarde James McGuire S.D.B.

© 2001 illustraties Norman Messenger
© 2001 tekst Tyndale
Oorspronkelijke titel: The Creation Story
Oorspronkelijke uitgever: Dorling Kindersley Ltd, Londen

Voor het Nederlandse taalgebied:
© 2001 Uitgeverij J.H. Gottmer / H.J.W. Becht BV, Postbus 160, 2060
AD Bloemendaal (e-mailadres: post@gottmer.nl)
Uitgeverij J.H. Gottmer / H.J.W. Becht BV is onderdeel van de Gottmer
Uitgevers Groep BV

Vertaling: Bara van Pelt
Zetwerk: Peter Verwey Grafische Produkties bv, Zwanenburg

ISBN 90 257 3361 1 / NUGI 280

HET VERHAAL VAN DE SCHEPPING

Geïllustreerd door
NORMAN MESSENGER

Gottmer · Haarlem

In het begin maakte God de hemel en de aarde. De aarde was woest en leeg en het was er helemaal donker. En over de wateren zweefde Gods geest.

Toen zei God: 'Laat er licht komen!' En er was licht. En God zag dat het goed was. Daarna haalde hij het licht en het donker uit elkaar. Het licht noemde God 'dag'. Het donker heette voortaan 'nacht'. DE EERSTE DAG was voorbij.

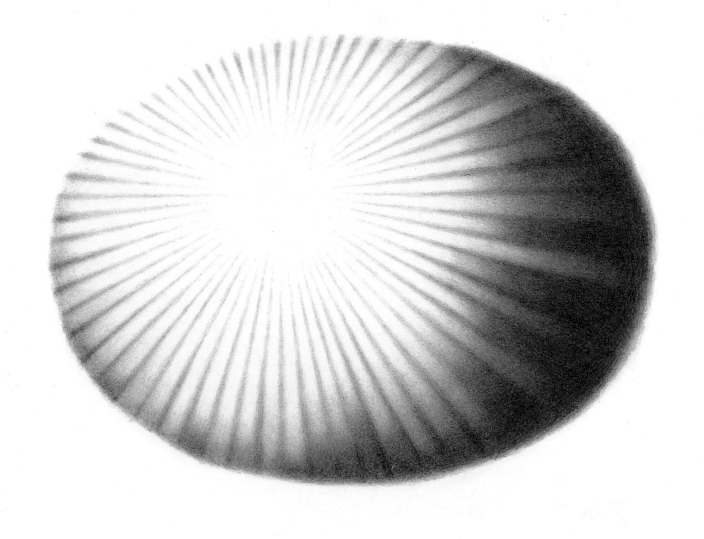

G od zei: 'Er moet ruimte komen tussen de wateren.' En God haalde de wateren uit elkaar. Het ene water kwam boven de ruimte en het andere onder de ruimte. De ruimte noemde God 'hemel'. Dat was DE TWEEDE DAG.

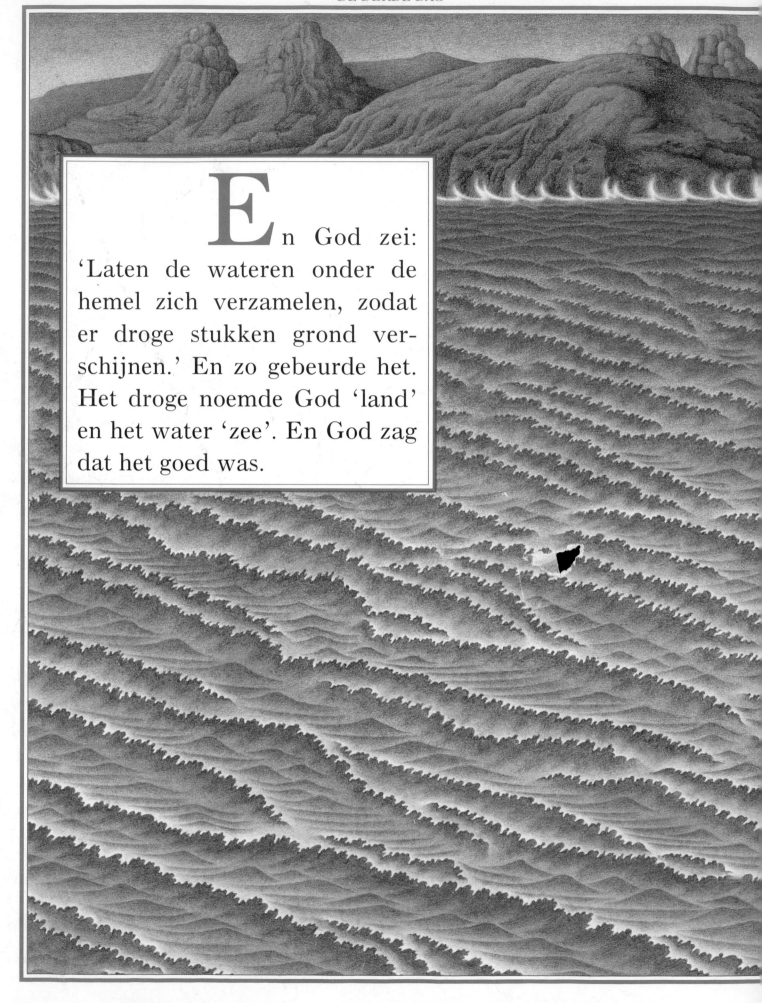

En God zei: 'Laten de wateren onder de hemel zich verzamelen, zodat er droge stukken grond verschijnen.' En zo gebeurde het. Het droge noemde God 'land' en het water 'zee'. En God zag dat het goed was.

Toen zei God: 'Laat de aarde groen worden met planten en bloemen die zaad geven.'

'En laten er bomen zijn met vruchten die ook zaad geven. Dat zaad zal in de aarde vallen en daaruit zullen weer dezelfde planten en bomen groeien.' Zo was het. En God zag dat het goed was. Dit gebeurde allemaal op DE DERDE DAG.

God zei: 'Laten er lichten aan de hemel komen om de dag van de nacht te scheiden. Ze zullen de seizoenen aangeven en de dagen en de jaren en ze zullen de aarde verlichten.' En zo gebeurde het ook. God maakte twee grote lichten. Het grootste licht, de zon, was baas

over de dag. Het kleinere licht, de maan, was baas over de nacht. En God maakte ook de sterren. Hij zette ze aan de hemel om licht te geven op aarde. En God zag dat het goed was. Het was het einde van DE VIERDE DAG.

En God zei: 'Laat de wateren wemelen van vissen en ander leven.'

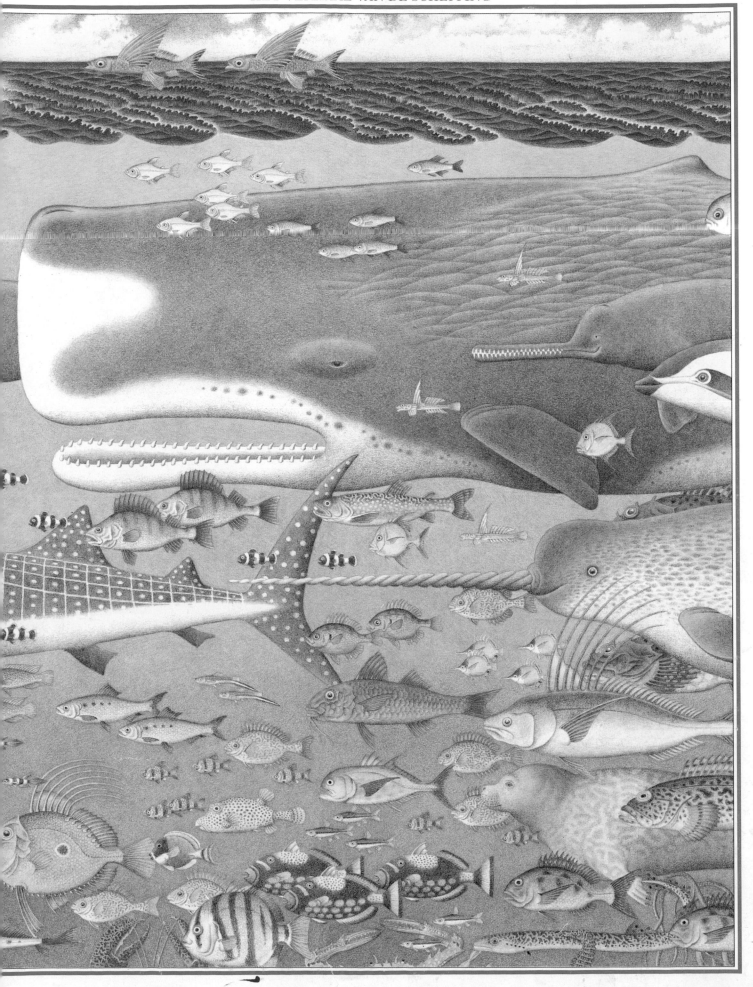

'En laat allerlei vogels langs de hemel vliegen.' En God zag dat het goed was. 'Krijg maar veel kleintjes,' zei hij tegen de vissen en de vogels. 'Dan zullen de hemel, het land en de wateren er vol mee zijn.' Dat alles gebeurde op DE VIJFDE DAG.

En God zei: 'Laat de aarde allerlei dieren voortbrengen: grote en kleine...

...tamme en wilde.' En zo was het. God maakte allerlei soorten wilde dieren, vee en kleine beestjes en hij zorgde er ook voor dat ze kleintjes konden krijgen. En God zag dat het goed was.

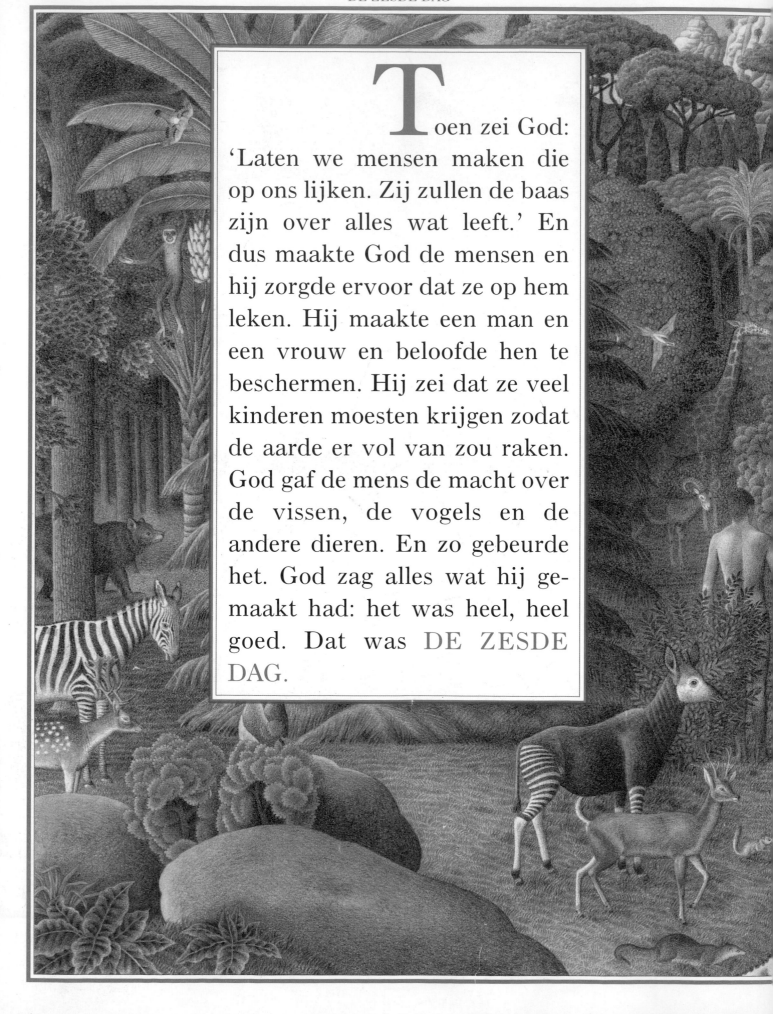

Toen zei God: 'Laten we mensen maken die op ons lijken. Zij zullen de baas zijn over alles wat leeft.' En dus maakte God de mensen en hij zorgde ervoor dat ze op hem leken. Hij maakte een man en een vrouw en beloofde hen te beschermen. Hij zei dat ze veel kinderen moesten krijgen zodat de aarde er vol van zou raken. God gaf de mens de macht over de vissen, de vogels en de andere dieren. En zo gebeurde het. God zag alles wat hij gemaakt had: het was heel, heel goed. Dat was DE ZESDE DAG.

O p de zevende dag was het werk af. Klaar waren de hemel en de aarde en alles erop en eraan. 'Wat een heerlijke dag!' zei God. 'DE ZEVENDE DAG wordt een speciale dag, anders dan alle andere dagen. Want op deze dag rustte ik uit van mijn werk aan de schepping.'